AF460627

ÉLOGE FUNÈBRE

DU

R. P. CHARRASSE

ÉLOGE FUNÈBRE

DU

R. P. CHARRASSE

PRÊTRE DE LA CONGRÉGATION
DES MISSIONNAIRES DE NOTRE-DAME DE SAINTE-GARDE

CHANOINE HONORAIRE DE L'ÉGLISE MÉTROPOLITAINE D'AVIGNON

PRONONCÉ

EN

L'ÉGLISE NOTRE-DAME D'ORANGE

le 8 Avril 1889

PAR

M. l'abbé Paul DE TERRIS

CHANOINE HONORAIRE
ANCIEN VICAIRE GÉNÉRAL DE FRÉJUS

AVIGNON
AUBANEL FRÈRES, IMPRIMEURS DE N. S. P. LE PAPE
ET DE MONSEIGNEUR L'ARCHEVÊQUE

MDCCCLXXXIX

IMPRIMATUR :

† ANGE, *Archevêque d'Avignon.*

ÉLOGE FUNÈBRE

DU

R. P. CHARRASSE

PRÊTRE DE LA CONGRÉGATION

DES MISSIONNAIRES DE NOTRE-DAME DE SAINTE-GARDE

CHANOINE HONORAIRE DE L'ÉGLISE MÉTROPOLITAINE D'AVIGNON

Et surrexit quasi ignis, et verbum ipsius quasi facula ardebat.

Il se leva comme le feu et sa parole brûlait comme la flamme. (Eccli. XLVIII, 1.)

Mes Frères,

C'est en ces termes que l'auteur sacré du livre de l'Ecclésiastique commence l'éloge d'Elie, l'ardent prophète des anciens jours. Pendant de longues années, Israël l'avait vu cet homme incomparable passant successivement des contemplations de sa retraite austère du Carmel au ministère de la parole, apparaissant au milieu des foules comme le messager des justices ou des miséricordes du Très-Haut, faisant tonner sa grande voix devant les princes comme devant les peuples, appelant à son gré, tantôt le feu du ciel qui dévorait ses ennemis ou embrasait le bois de l'holocauste et tantôt la douce pluie que réclamaient les sillons desséchés, ravi enfin à l'admiration de ses contemporains de la manière la plus étrange qu'il se puisse imaginer. Ce grand souvenir biblique m'a passé devant les yeux, mes Frères, quand on m'a demandé de monter dans cette chaire pour prononcer l'éloge funèbre de l'ardent missionnaire que vos regrets et vos larmes accompagnaient à sa dernière demeure, il y a huit jours à peine. Comme le prophète des temps anciens, est-ce un homme, n'est-ce pas un feu plutôt qui a passé au milieu de vous pendant trente ans, et cette parole que vous avez entendue si souvent et que vous aimiez tant à entendre, était-ce la simple parole d'un mortel ou celle d'un séraphin? N'était-elle pas une flamme qui brûlait et dévorait tout ce qui l'approcha? *Et surrexit Elias propheta quasi ignis et verbum ipsius quasi facula ardebat.*

Mais pourquoi faut-il que ce soit moi, mes Frères, un inconnu pour vous tous, pourquoi faut-il que ce soit moi qui monte dans cette chaire pour vous faire entendre encore quelques échos de cette grande voix qui vous fut si familière, et qu'un coup de foudre vient de faire taire à jamais, pour vous rappeler des vertus dont vous avez été les témoins pendant trente ans et qui ont gravé, je ne dis pas seulement dans votre mémoire, mais dans vos cœurs et dans vos âmes, d'éternels souvenirs? Cette tâche ne convenait-elle pas mieux à mes aînés dans le sacerdoce, à ces prêtres éminents accourus aujourd'hui de tous les points du diocèse pour mêler leurs larmes à votre deuil et leurs prières à vos prières, ne convenait-elle pas mieux à ceux qui furent les collaborateurs, les compagnons d'armes de l'apôtre que nous pleurons? Du moins si celui qui vous parle en ce moment a dû s'incliner devant l'appel qui lui a été fait par le vénéré Supérieur et par les membres de cette Congrégation des Missionnaires de Sainte-Garde parmi lesquels il ne compte que des maîtres ou des amis, il sent bien que sa mission, douce pour son cœur, lui est rendue facile par toutes les sympathies qui s'attachent à la pieuse mémoire de celui qu'il va célébrer, et par l'explosion de regrets et de vénération qu'a provoquée la catastrophe qui a mis en deuil tout le Clergé du diocèse d'Avignon. O bien aimé Père, vous qu'un coup si foudroyant vient de ravir à tant d'affection qui vous entourait, ô travailleur de la première heure, vous qui avant la fin de la journée venez de vous coucher dans le sillon à peine entr'ouvert, capitaine intrépide, vous que nous aimions à saluer comme notre chef et notre modèle et qui tombez blessé à mort sur le champ de bataille où vous alliez remporter une nouvelle victoire, oh ! laissez-moi, continuant à vous appliquer le passage de nos Saints Livres que je citais en commençant, laissez-moi me féliciter moi-même et nous féliciter tous ensemble de ce que nous avons eu le bonheur de vous connaître et d'être comptés au nombre de vos amis : *Beati sunt qui te viderunt et in amicitia tua decorati sunt* (1), car nous qui vivons à cette heure, nous passons avec le fleuve du temps pour aller nous perdre bientôt dans l'océan de l'oubli, tandis que votre nom, ô Père, votre nom vivra, il vivra dans les cœurs qui battirent à l'unisson du vôtre, il vivra écrit pour jamais au livre de vie parmi les noms des serviteurs les plus fidèles de notre commun maître : *Non nos vita vivimus tantum, post mortem autem non erit tale nomen nostrum* (2).

Parlant sans autre prétention que celle de vous édifier ou plutôt de m'édifier avec vous, mes Frères, c'est le prêtre, c'est l'apôtre surtout que je vais considérer. Or, à ce

(1) Eccli. XLVIII, 11.
(2) Id. Ibid. 12.

point de vue la carrière du R. P. Charrasse se partage en trois périodes bien distinctes. Nous étudierons donc successivement les *préparations*, l'*épanouissement* et la *consommation* de son apostolat dans ce discours consacré à la mémoire vénérée du Révérend Père Joseph-Adrien Charrasse, prêtre de la Congrégation des Missionnaires de Notre-Dame de Sainte-Garde, chanoine honoraire de la Basilique Métropolitaine d'Avignon.

I

On en a fait la remarque depuis longtemps, mes Frères, la nature ne fait rien par surprise et par soubresauts. Elle prépare nos yeux à soutenir les clartés éblouissantes de l'astre du jour en faisant succéder à la nuit la lumière grandissante de l'aurore ; entre les frimats de l'hiver et les ardeurs brûlantes de l'été, elle a interposé les fraîches matinées et les belles journées du printemps. Qu'elle veuille faire épanouir une fleur, blanchir une moisson ou mûrir un fruit, elle dispose à loisir, et le terrain propice, et les pluies fécondantes et les chauds soleils, que réclament ces divers produits qu'elle élabore dans ses ateliers mystérieux.

Ainsi Dieu lui-même agit-il dans le monde des âmes, lorsqu'il veut faire épanouir sur la terre une vertu plus qu'ordinaire, lorsqu'il appelle un homme à l'honneur d'être son ministre et son ambassadeur auprès des peuples. Qui d'entre vous, mes Frères, n'a présentes à l'esprit ces grandes figures bibliques de Samuel, de Jérémie, de Jean-Baptiste et tant d'autres auxquelles s'applique cet oracle des Livres Saints : le Seigneur m'a appelé dès le sein de ma mère : il a prononcé mon nom avant même que j'aie vu le jour : *Dominus ab utero vocavit me : de ventre matris meæ recordatus est nominis mei* (1). Nous pouvons donc établir comme une règle générale souffrant bien peu d'exceptions, que ceux que Dieu prédestine à être les instruments de ses œuvres de choix, il les fait naître sur un sol privilégié et au sein d'une famille vertueuse.

Qui fut plus favorisé sous ce rapport que Joseph-Adrien Charrasse ? Il naît à Malaucène, le 3 septembre 1830 ; Malaucène, cette gracieuse petite ville abritée, comme un nid de verdure, entre des collines fertiles et boisées qui se rattachent à la masse imposante du Ventoux, arrosée par les eaux limpides de la belle source du Groseau, qui vont porter au loin dans les campagnes la fécondité et la vie, groupée enfin, dans un désordre qui n'est pas sans charmes pour la vue, autour de son vieux donjon seigneurial, avantageusement remplacé aujourd'hui par un pieux Calvaire. Je n'ai vu Malaucène qu'une fois, par une belle journée d'été, il y a déjà bien des années : je n'oublierai jamais l'impression de sérénité que j'en ai éprouvée.

Mais bien au-dessus de ces avantages qu'un jeune cœur peut éprouver à s'épanouir à la vie au sein d'une belle et riante nature, comptons sans hésiter, mes Frères, l'incomparable avantage d'une âme chrétienne redevable de la vie à des parents profondément chrétiens.

Or, parmi les familles les plus justement considérées de Malaucène dans la première moitié de ce siècle, la famille Charrasse occupait sans conteste un des premiers rangs. Alliée aux familles les plus honorables de la contrée, arrivée à une légitime aisance par le travail et l'économie, elle

(1) Isaïe. XLIX. 1.

plaçait son honneur dans l'honnêteté et la vertu, dans la fidélité à ses traditions, dans l'estime et la confiance de tous, plutôt que dans le vain étalage du luxe, de la richesse ou d'une popularité éphémère. Aussi, honoré plusieurs fois des libres suffrages de ses concitoyens, Esprit-Xavier Charrasse, son chef, figurait-il à chaque élection dans le modeste mais pacifique Sénat de la petite ville : une fois même il eut l'honneur de ceindre comme adjoint l'écharpe municipale : heureux les hommes, heureuses les familles qui savent borner là toutes leurs ambitions !

Le 2 mai 1827, Esprit-Xavier Charrasse avait épousé une jeune fille de sa condition, Marie-Madeleine Siaud. O vertueuse femme que nous avons tous connue, qu'il me soit permis de vous saluer du haut de cette chaire où monta si souvent votre fils, et où, lorsqu'il retraçait le portrait de l'épouse modeste, aimante et dévouée, de la mère de famille qui ne vit que pour Dieu et ses enfants, il n'avait qu'à se rappeler votre propre image, à côté de l'image de la femme forte de nos Saints Livres que l'écrivain sacré lui-même a immortalisée. Oui, femme forte elle aussi : n'avait-elle pas du sang des héros dans les veines, elle dont la première enfance avait été bercée aux récits de son père et de sa mère incarcérés à Carpentras, aux sombres jours de la Terreur, et auxquels le martyre avait fait défaut plutôt qu'ils n'avaient fait défaut au martyre ! Mais femme chrétienne avant tout, faisant deux parts de son temps comme de son cœur, l'une pour Dieu et les choses de la piété, l'autre pour les siens et ses devoirs d'épouse et de mère.

Six enfants naquirent de cette union bénie, quatre garçons et deux filles. N'ai-je pas tout dit, mes Frères, en vous rappelant, nul d'entre nous ne l'ignore, que de ces six enfants Dieu a pris pour lui la meilleure part. Deux prêtres et deux religieuses sortirent de ce foyer patriarcal, tandis que les deux autres continuent dignement les traditions de leurs aïeux. Mon Dieu, qui ne l'admirerait cette pieuse mère qui, non pas seulement une fois, mais quatre fois de suite put dire à Dieu, comme Anne, la mère de Samuel, en lui présentant le fruit de son sein, l'enfant de sa tendresse : Me voici, c'est moi qui suis cette femme que l'on vit si souvent devant vos autels. Je vous ai demandé cet enfant, et vous me l'avez donné, et moi je vous le rends, ô mon Dieu, il est à vous, à vous tous les jours de sa vie : *Ego sum illa mulier quæ steti coram te. Pro puero isto oravi, et dedit mihi Dominus petitionem meam ; idcirco ego commodavi eum Domino cunctis diebus.* (1)

Et ce vertueux père, à son tour, était-il justement fier, plus tard, lorsqu'on le voyait passer sur les promenades publiques, entre ses deux fils aînés, jeunes prêtres tous les deux? On le murmurait à demi-voix : Voyez, comme il a l'air heureux ! Et il ne pouvait pas prévoir ce que l'avenir réservait à chacun de ces deux enfants. Qu'aurait-il dit s'il eût été prophète ?

Dans cette famille bénie, il est encore une figure que je ne dois pas laisser dans l'ombre, car elle exerça une très grande influence sur Adrien ; je veux parler de cet admirable abbé Siaud, son cousin, plus âgé que lui d'une douzaine d'années, et qui fut entre les mains de la Providence un des instruments les plus efficaces qui préparèrent Adrien aux destinées que Dieu lui réservait ; intelligence hors ligne, prêtre dans toute la force du terme, tel fut l'abbé Siaud, trop tôt ravi à sa famille et à l'Eglise.

Vous étonnerez-vous après cela, mes Frères, que l'âme

(1) I. Reg. I. 26. 28.

d'Adrien se soit épanouie tout naturellement du côté du ciel et de la vertu ? Un bon arbre peut-il produire autre chose que de bons fruits, comme dit l'Evangile ?

Je serais long, mes Frères, si je voulais vous dire par le détail tout ce que le souvenir de ses proches a conservé des premières années du jeune Adrien, de sa foi ardente, de sa piété naïve, de cet ensemble de qualités qui dans l'enfant révèle déjà l'homme. Un trait entre bien d'autres. Il avait huit ou neuf ans : comme autrefois le jeune Louis de Gonzague, il s'amuse à jouer au soldat, car il y a toujours eu quelque chose du soldat dans cet homme. Il a dérobé quelques grains de poudre à son père, et le voilà chargeant un canon minuscule, ou faisant je ne sais quelle autre expérience de l'art de la guerre. Mais tout-à-coup une allumette imprudemment approchée fait éclater la poudre qui lui part en plein visage ; il aurait pu en perdre la vue ou du moins en rester défiguré pour jamais. Et voilà aussitôt cet enfant de neuf ans qui se jette à genoux, lève les bras au Ciel en s'écriant avec un élan de foi et de piété indicible : « O Notre-Dame du Groseau, vous savez bien que je veux vous servir. Sauvez-moi ! » On accourt ; on débarbouille en tremblant sa figure noire de poudre. Il n'avait aucun mal.

Mais je dois me hâter, mes Frères, j'aurais trop à dire ; ne parlons donc pas de sa première communion dont il garda pourtant un si profond souvenir qui donnait à sa voix une éloquence pénétrante quand il y préparait les autres ; laissons-le pendant les longues années de son éducation secondaire édifier ses condisciples du Petit Séminaire d'Avignon par sa piété ardente, les charmer par son caractère si ouvert et si droit, se faisant autant d'amis qu'il comptait de concurrents, bien qu'il fût fort peu libéral à la fin de l'année quand il s'agissait de partager les prix : il en laissait fort peu à ses émules. C'était d'ailleurs, paraît-il, une tradition parmi les jeunes séminaristes de Malaucène, et la légende raconte qu'à une distribution de prix, aux applaudissements de la salle tout entière acclamant deux ou trois de ces jeunes gens qui avaient fait une moisson complète, des bancs où siégeaient les vaincus répondit un immense cri : A bas Malaucène ! On ne tardait pas à faire l'accord pourtant. Comment aurait-on pu garder rancune à ce brave Adrien qui n'en restait pas moins le meilleur des camarades ?

Les années passent, le voilà au Grand Séminaire ; jamais il n'a songé à autre chose qu'à être prêtre. Le voilà donc sous la direction de ces maîtres admirables qui ont été nos maîtres à tous, et pour lesquels nous ne saurions pas dire quel est le sentiment qui reste dominant dans nos cœurs après vingt-cinq ans, si c'est l'affection ou la vénération. Il a revêtu la noble livrée du prêtre : il monte peu à peu les degrés de cette sainte hiérarchie qui, du simple chrétien, fait d'abord un clerc, du clerc, un ministre inférieur, un lévite, puis un prêtre. Avec quel sentiment de tremblement et d'amour répète-t-il dans son cœur ces belles paroles du Roi-prophète : « Je m'approcherai des autels de mon Dieu, du Dieu qui réjouit ma jeunesse : *Introïbo ad altare Dei, ad Deum qui lætificat juventutem meam !* » Il se plonge en attendant, comme en son élément naturel, dans l'étude de la science sacrée, la philosophie, l'Ecriture sainte, la théologie, l'éloquence de la chaire. Ah ! ce n'est pas peu de chose, mes Frères, que de former un prêtre ; vous ne vous doutez pas de la somme de préparation que nous devons apporter à l'accomplissement de la moindre de nos fonctions, puisque la moindre de nos fonctions, en nous appelant auprès des âmes et auprès de Dieu, nous relève bien au-dessus de tout ce qui touche à la terre. Non, je ne dis pas trop et personne ici ne me démentira, si j'affirme que, dès le premier jour et jusqu'à la dernière heure, Adrien fut un séminariste parfait.

Mais c'est à Malaucène que je voudrais vous le montrer surtout, pendant ses vacances, préludant déjà à sa mission apostolique, en se faisant l'apôtre de ses condisciples, des enfants et de la population tout entière. Terre féconde en vocations sacerdotales comme peu l'ont été en ce siècle, Malaucène comptait en ce temps jusqu'à dix ou douze jeunes gens qui se destinaient à l'état ecclésiastique. Or savez-vous quelle était leur vie pendant les vacances ? Ecoutez, mes Frères ; je n'ai rien vu de plus édifiant. Tous les matins, ils assistaient ensemble à la sainte messe que deux d'entre eux servaient à tour de rôle ; après la messe et l'action de grâces, on récitait en commun les Petites heures de l'office de la Très Sainte Vierge ; puis chacun rentrait dans sa demeure pour travailler aux diverses branches de la science sacrée qu'on avait étudiées pendant l'année : c'était le devoir des vacances. Après-midi on se réunissait chez le bon curé de la paroisse, ce vénérable M. Rigot qui, pendant près d'un demi-siècle, a été au milieu de cette population qui l'aimait la vivante image du Bon Pasteur, en même temps qu'il était un père pour ses chers séminaristes. Un peu plus tard on allait faire en commun la visite au Très Saint-Sacrement, on récitait Vêpres et Complies de l'office, puis on allait ensemble à la promenade. Le but le plus ordinairement choisi était le vénérable sanctuaire de Notre-Dame du Groseau ou la magnifique source elle-même qui porte ce nom. Là, après avoir récité encore Matines et Laudes de l'office, le chapelet, quelquefois le rosaire en entier, on devisait agréablement et bien souvent, pour s'exercer au grand art de la prédication, on se livrait à un véritable exercice de déclamation.

Un jour, la séance avait lieu dans la grotte même et sous

la voûte où la source prend naissance. Comme autrefois Démosthène qui s'exerçait à dominer le bruit des flots de la mer, Adrien voulait dominer le bruit un peu assourdissant des flots de la rivière naissante. Un de ces jeunes gens lui cria : « Pour un prédicateur, on ne vous entend guère ! » — « Il faudra bien que je prêche pourtant, répondit-il. Il faudra bien que je sois maître du Groseau. » Et il fit un effort plus violent que d'habitude pour dominer le bruit des eaux. A la seconde phrase on ne l'entendait plus : une des cordes vocales avait souffert, la voix resta voilée et jamais il n'y eut moyen de lui rendre son timbre naturel. Ce qu'a souffert le R. P. Charrasse de cet accident qui aurait pu paralyser son zèle, les efforts qu'il a faits pour triompher de cette infirmité, nous ne le saurons jamais. Toujours est-il, comme il est dit de saint Bernardin de Sienne, qu'il pria tant et si bien que, sans recouvrer la souplesse et la clarté de l'organe, il put du moins, pendant toute sa vie, s'en servir de manière à se faire entendre des auditoires les plus difficiles et les plus nombreux.

Un fait ou deux encore qui se rapportent à cette période de sa vie et qui, dans le séminariste, nous montrent déjà le missionnaire. On dansait un jour de fête, comme on fait souvent au village, et, tout absorbés par ce divertissement dangereux, jeunes gens et jeunes filles oubliaient d'assister aux offices. Le jeune abbé, il était alors sous-diacre tout au plus, entre bravement dans le bal et, avec un zèle ardent que tempère sa douceur, il fait comprendre aux danseurs et aux danseuses le scandale qu'ils donnent et le danger de leurs âmes qu'ils encourent eux-mêmes. Il était déjà si connu et si vénéré dans le pays qu'on l'écoute avec respect ; la danse cesse et la salle se vide. Dans ce trait d'un séminariste, ne reconnaissez-vous pas, mes Frères, l'apôtre qui vingt ans plus tard tonnera avec une si impétueuse énergie contre les mêmes divertissements profanes, partout où il les rencontrera comme un danger ou un exemple funeste ?

Une autre fois, en passant sur le grand chemin, il entend un voiturier qui jurait d'une manière épouvantable pour faire marcher son attelage. Le jeune apôtre n'y tient plus : il accourt vers cet homme : « Malheureux, lui dit-il, avec autant de fermeté que de bonté, que vous a fait le bon Dieu pour le traiter de la sorte ? Il ne vous a fait que du bien. Et vous, comment parlez-vous de lui ? » Désarmé par cette sainte audace, cet homme baisse la tête : « Vous avez raison, Monsieur, » et il cesse de blasphémer. N'est-ce pas là, mes Frères, le signe caractéristique du tempérament de l'apôtre, de celui qui peut dire comme le Roi-prophète : « Le zèle de votre maison, ô mon Dieu, me dévore, et les insultes de ceux qui vous blasphèment retombent toutes sur moi ? » *Zelus domus tuæ comedit me, et approbria exprobrantium tibi reciderunt super me.* (1) »

Cependant Adrien avait achevé le cours de ses études ecclésiastiques sans être promu encore au sacerdoce ; il lui manquait quelques mois pour avoir atteint l'âge canonique. C'est au Petit Séminaire d'Avignon qu'il vint attendre l'heure solennelle, dans les modestes et laborieuses fonctions de l'enseignement. Ici, mes Frères, je n'ai qu'à faire appel à mes souvenirs personnels. Vous ne me démentirez pas, mes vénérés confrères, vous qui comme moi l'avez vu à l'œuvre, simples élèves que nous étions de ce cher établissement diocésain que dirigeait alors avec une si haute intelligence et une paternité et si douce et si ferme, ce vénéré Supérieur de la Congrégation de Sainte-Garde, dans tout l'éclat de sa

(1) Psal. LXVIII, 10.

force et de son talent, réduit aujourd'hui, comme le vieux Jacob, sous sa couronne de cheveux blancs, à pleurer la mort prématurée du plus cher de ses fils. Le jeune surveillant, le professeur, le directeur de congrégation que nous avons connu n'était-il pas déjà un apôtre ? Ne passait-il pas comme un feu parmi nous et sa parole ne brûlait-elle pas déjà comme la flamme ? *Et surrexit Elias propheta quasi ignis, et verbum ipsius quasi facula ardebat !* Avant qu'il montât dans les grandes chaires, ne s'essayait-il pas à produire sur nous les plus beaux effets de l'éloquence chrétienne auxquels il atteignait si heureusement, malgré la défectuosité de son organe, grâce à son admirable talent de diction ? Et avant qu'il travaillât à la conversion des grands pécheurs, ne l'avons-nous pas vu travaillant à la sanctification de ces jeunes gens, venus un peu de partout, animés trop souvent d'un esprit de vrais collégiens, et auxquels il s'agissait d'inspirer l'esprit ecclésiastique ! Telles conversions qui firent grand bruit parmi nous lui coûtèrent plus de peine peut-être, plus d'efforts de zèle, plus de larmes devant Dieu que ne lui coûtèrent plus tard ses plus difficiles conquêtes.

Mais vous rappelez-vous surtout, mes vénérés confrères, le jour où nous le vîmes prosterné sur les dalles de cette chapelle bénie du Grand Séminaire, se relevant bientôt après pour recevoir l'onction sacerdotale. Sa figure pâle et défaite semblait transfigurée par l'extase : nous avons su plus tard qu'avec celui qui devenait ce jour-là son frère jumeau dans le sacerdoce, il avait passé à genoux en prières, devant le très saint Sacrement, toute la nuit qui précéda l'ordination. La règle de Saint-Sulpice, aussi immuable que le granit, n'avait pas prévu une transgression pareille. O heureuse faute ! *felix culpa,* qui nous montre ce qu'était l'homme, en qui nous vénérions ce jour-là un prêtre pour l'éternité !

Il était donc prêtre, et c'est sur sa famille si justement heureuse et fière, c'est sur ses amis, sur ses élèves que tombèrent ses premières bénédictions. J'en ai eu ma part, ô Père vénéré, il m'en souvient; je vous ai vu montant pour la première fois au saint autel : les larmes inondaient votre beau visage qui semblait resplendir des reflets du ciel, votre voix tremblait d'émotion et d'ardente charité, et votre main se levait sur nous pour nous bénir. Ah! qui eût dit alors au plus humble de vos disciples qu'un jour, dans cette église tendue de deuil, devant ces mêmes maîtres qui vous entouraient alors, devant ces mêmes amis au milieu desquels j'étais confondu, qui m'eût dit qu'un jour j'aurais à rappeler ce souvenir?

Il est donc prêtre : le voilà armé pour les grandes luttes auxquelles le Seigneur le réserve. Pendant trois années encore, comme autrefois Jean-Baptiste au désert, il achèvera dans la solitude et le silence l'œuvre de sa préparation immédiate, sondant les plaies de son temps et s'apprêtant à les guérir. Comme le prophète il a entendu cette voix du Seigneur qu'entendait un jour Isaïe : Qui enverrai-je et qui ira pour nous : *Quem mittam et quis ibit nobis?* Et comme Isaïe, il a répondu : Me voici, envoyez-moi : *Ecce ego, mitte me* (1).

La préparation de l'Apôtre est achevée : nous allons le suivre dans le plein épanouissement de sa vocation.

(1) Isaïe. VI. 8.

II

Dès le premier siècle de l'Eglise, l'apôtre saint Paul remarquait déjà que, bien que concourant tous au même but, les membres de ce grand corps ont chacun une fonction distincte (1). Dieu, disait-il, a établi les uns pour être apôtres dans son Eglise, d'autres pour être prophètes, d'autres pour être pasteurs ou docteurs (2). Aussi, de tout temps, à côté de la hiérarchie régulière de l'Eglise qui se compose, sous l'autorité suprême du Souverain Pontife, des Evêques et des pasteurs inférieurs, et qui a pour mission de cultiver le champ du père de famille et de régir le troupeau de Jésus-Christ d'une manière permanente, on a reconnu le rôle auquel sont appelés ces ouvriers auxiliaires qui viennent à certaines heures prêter leur concours aux ouvriers et aux pasteurs ordinaires. Telle est la vocation des missionnaires qui se consacrent au ministère de la prédication extraordinaire dans nos cités et dans nos campagnes. De tout temps l'Eglise a reconnu les services qu'elle peut retirer de ces précieux auxiliaires ; elle a encouragé et béni leurs efforts. Sans remonter plus haut, les grands ordres monastiques du XIIIe siècle, enfants de saint Dominique ou de saint François, et les admirables institutions du XVIe et du XVIIe siècle, Jésuites, Théatins, Oratoriens, Lazaristes et autres, furent avant toute autre chose des sociétés de Missionnaires.

Je sais bien que, même parmi les meilleurs esprits, des

(1) Rom. XII. 4.

(2) Eph. 10. 11. Id. I Cor. XII. 28. 30.

préjugés ont cours contre ce genre de ministère. On l'a vu à d'autres époques dans les contradictions qu'ont eu à subir soit les grands ordres du XIIIe siècle dont saint Thomas d'Aquin lui-même dût prendre la défense contre l'audacieux Guillaume de Saint-Amour, soit les plus vénérables de ces ouvriers apostoliques dont le zèle fut taxé d'exagération, tandis qu'on traitait de feu de paille les résultats de ces exercices vénérables, si solennellement autorisés par la pratique des Saints et l'approbation de l'Eglise qui, dans une de ses plus célèbres Constitutions dogmatiques, frappe de ses censures les téméraires qui dénigrent l'œuvre salutaire des missions (1). Grâce à Dieu, ces vieilles querelles ne sont plus aujourd'hui que de l'histoire ancienne : appelés par la confiance des pasteurs, les missionnaires sont toujours accueillis avec joie par la foi des populations.

Par la nature même de son talent et de sa piété, Adrien Charrasse se sentait fait pour ce genre de ministère plutôt que pour le travail calme et monotone du ministère paroissial. Nous qui l'avons connu, nous avons peine à nous le figurer enfoui dans un presbytère et bornant son zèle à quelques centaines ou, si vous le voulez, à quelques milliers de brebis, auxquelles il prodiguera ses soins, recevant en retour sa nourriture de leur lait et son vêtement de leur toison. Mais, comme à Paul, comme à Vincent Ferrier, comme à François Régis, comme à Bridayne, donnez-lui les larges horizons, la sollicitude d'une foule d'âmes, les grands auditoires populaires, les exercices traditionnels des missions avec le chant de nos vieux cantiques, nos processions, nos plantations de croix, voilà, voilà le milieu qui lui convient : je ne lui en connais pas d'autre.

(1) Bulle *Auctorem fidei*, prop. LXV.

Toutefois, il comprit bientôt que, pour être vraiment utiles et durables, les efforts de son zèle ne devaient pas être isolés. Malheur à celui qui est seul, dit l'Ecriture : *Væ soli*, et nous remarquons dans l'Evangile que quand Jésus-Christ envoya prêcher ses premiers disciples il les envoya toujours deux à deux, *et misit illos binos*.

Mais, à qui s'associera notre aspirant missionnaire? Ici il n'a que l'embarras du choix, car elles sont, grâce à Dieu, aussi nombreuses que variées les familles ecclésiastiques ou religieuses qui se vouent au ministère de la prédication populaire. Il n'eut pas à hésiter longtemps.

En ce temps là, le siége d'Avignon était occupé par un de ces Evêques dont on compte les œuvres moins d'après le temps qu'ils ont siégé, que d'après la profondeur du sillon qu'ils ont creusé dans les âmes. Grande intelligence et grand cœur, Mgr Debelay avait pris à tâche de relever sur le sol comtadin les ruines qu'avait amoncelées cette fameuse révolution dont nous célébrons en ce moment le centenaire. Or, parmi les œuvres locales que la tempête révolutionnaire avait jetées bas, vivait encore dans bien des âmes le souvenir de la Congrégation des Prêtres Missionnaires de Notre-Dame de Sainte-Garde, fondée à l'aurore du dix-huitième siècle par Alexandre Martin, curé de Saint-Didier, près Pernes, et Laurent Dominique Bertet, qui en fut le premier supérieur, encouragée à l'origine par l'admirable Paul d'Andrée, le saint chanoine de Carpentras, et dans la suite par Malachie d'Inguimbert, le grand Evêque, qui lui obtint la plus précieuses des faveurs, une bulle solennelle d'approbation émanée du grand Pape Benoit XIV. Sous Joseph-François de Salvador, la Congrégation atteignit son plus haut point de développement, et, jusqu'aux sombres jours de la révolution qui dispersa les pierres du sanctuaire, les

Missionnaires de Sainte-Garde ne cessèrent de se vouer avec autant de fruit que de zèle à l'œuvre des missions populaires, à laquelle ils joignaient à Avignon même la direction d'un Séminaire.

Telle est l'œuvre que Mgr Debelay avait voulu faire revivre : nul ne sait mieux que vous, mes Frères, si les vertueux prêtres qui dès le premier jour répondirent à son appel, ont répondu aussi aux espérances de ce grand cœur d'Evêque. Si je voulais me taire les pierres mêmes, de cette église parleraient comme vos cœurs : *Lapides clamabunt* (1).

Après avoir subi les premières épreuves au Petit Séminaire même, que les prêtres de Sainte-Garde dirigèrent de 1851 à 1859, le R. P. Charrasse, c'est ainsi que nous l'appellerons désormais, se retira, dans les derniers mois de 1858, avec quelques-uns de ces confrères, à la campagne de Saint-Paul, près Avignon, qui devint le berceau de la communauté des Missionnaires. Je n'ai pas à vous rappeler par suite de quelles circonstances elle fut transplantée, de Saint-Paul, à Malaucène même, d'où elle est venue plus tard s'établir définitivement dans cette vieille et catholique cité d'Orange, à l'ombre de vos grands monuments romains, ou plutôt à l'abri des belles et généreuses traditions que vous devez au souvenir de vos Conciles, de vos Evêques et de vos Saints.

Et maintenant, mes Frères, faudra-t-il que je suive le R. P. Charrasse pendant les trente années qu'a durées sa vie de missionnaire ? Mais comment pourrais-je y suffire ? Qui nous les racontera ces merveilleuses missions, ces jubilés, ces retraites qui, pendant plus de trente ans, l'ont attiré successivement d'une extrémité de la France à l'autre ?

(1) Luc. XIX, 40.

C'est par Séguret qu'il débute en 1857, et après trente-deux ans on se souvient encore du zèle impétueux de ce jeune prêtre que rien ne pouvait arrêter. Pour parler du seul diocèse d'Avignon dans combien de paroisses a retenti sa voix ! Avignon a entendu cinq ou six Carêmes sans se lasser jamais : Saint-Saturnin-lez-Apt, Saint-Saturnin-lez-Avignon, Morières, Lauris, le Thor, Camaret, Sorgues, Vaison, Bollène, Cavaillon, L'Isle, Caromb, Mazan, Montdragon, Bonnieux, Pernes, Valréas, Bédarrides, Carpentras, presque toutes nos paroisses en un mot. Je ne parle pas d'Orange : il était devenu vôtre, mes Frères, il ne se refusait pas à vous. Je veux donner un souvenir au moins à cette splendide mission de Malaucène, prêchée de concert avec ce bon P. Richaud, si prématurément ravi lui aussi à l'amitié de ses confrères et à la confiance des populations, et dans laquelle les missionnaires gagnèrent tous les cœurs par les prodiges de leur charité aussi bien que par l'héroïsme de leur zèle.

Et puisque je viens de prononcer le mot de charité, laissez-moi, mes Frères, vous dire, avec toute la réserve que ce sujet m'impose, que, pour le P. Charrasse, les prodiges de la charité étaient chose familière. Que d'argent a passé par ses mains pour soulager les besoins les plus divers ou pour aider aux œuvres les plus utiles ! Et avec quelle délicatesse il savait relever la générosité de ses dons !

Mais les limites d'un diocèse ne pouvaient pas suffire à cet apôtre au cœur de flamme qui, à l'exemple du divin Maître, aurait voulu embraser l'univers : *Ignem veni mittere in terram* (1). Il n'a pas trente ans encore, et il prêche son premier Carême dans la cathédrale de Digne, en présence de Mgr Meirieu, et, dès ce jour, entre le vieil Evêque et le

(1) Luc. XII, 49.

jeune prêtre, se noue une de ces amitiés comme nous n'en trouvons que dans la vie des Saints. L'Evêque veut entendre encore le missionnaire, et il n'aura de repos que lorsque, à l'ombre de son palais et de sa cathédrale, il aura élevé une maison où les prêtres de Sainte-Garde, reconnus comme missionnaires diocésains de Digne, verront le R. P. Charrasse s'asseoir souvent à leur table et partager leur deuil aux tristes jours de novembre 1880. Il ira plus loin : les plus hauts sommets des Alpes ne le rebutent pas et sa mémoire sera longtemps en vénération dans le diocèse de Gap. Plus près de nous, Arles et Tarascon lui réserveront quelques-uns de ses plus beaux triomphes, tant sa parole de feu est merveilleusement appropriée à nos ardentes populations du Midi. Les diocèses de Grenoble, de Valence, de Marseille, l'entendront à leur tour et le disputeront aux diocèses les plus lointains.

Que si, de la rive gauche du Rhône , nous voulons passer à la rive droite, voilà Beaucaire qui ne veut pas rester en retard sur Tarascon, voilà le Vigan, voilà Nîmes où l'amitié du vénérable M. Guiméty, son compatriote, l'appelle une première fois, où le rappelleront bien souvent la vénération des fidèles, et la confiance de ces grands Evêques qui s'appellent les Plantier et les Besson ; voilà Montpellier, où le fils spirituel de Mgr Plantier, le frère de Mgr Besson, Mgr de Cabrières, ne se lasse pas de demander son bon Père Charrasse, et confie aux Missionnaires de Sainte-Garde, au milieu du sévère paysage des Cévennes, le sanctuaire vénéré de Notre-Dame du Suc. Plus loin encore, c'est Carcassonne qui recueillera ses derniers accents, c'est Bordeaux qui l'appelle pour deux carêmes ; puis il remonte vers le Nord. Au centre du massif montagneux de la Bourgogne, non loin de cette vieille cité d'Alésia où l'indépendance des Gaules succomba avec Vercingétorix devant l'épée de César, s'élevait autrefois, à Grignon, une maison de missionnaires diocésains. Le vénérable évêque de Dijon, Mgr Rivet, ce noble et saint Evêque qui a régné pendant quarante ans sur les fils spirituels de saint Bénigne, veut la confier aux prêtres de Sainte-Garde : ils y accourent ; le P. Charrasse est à leur tête, et il fait entendre pendant plusieurs années sa parole enflammée dans ce pays, où l'on est en droit de se montrer exigeant pour les prédicateurs, car c'est le pays de saint Bernard, de Bossuet et de Lacordaire. Moi qui vous parle, mes Frères, j'ai eu l'honneur de succéder au P. Charrasse dans la chaire de cette vieille et belle église de Notre-Dame de Beaune, toute vibrante encore des accents de sa parole, toute embaumée du souvenir de ses vertus. Plus loin encore, bien plus loin, jusque dans notre belle Lorraine, la patrie de Jeanne d'Arc, jusqu'à Nancy, devenue aujourd'hui l'extrême frontière française, je l'ai suivi le bon Père, et j'ai retrouvé son souvenir encore vivant dans la splendide basilique de Saint-Epvre. Il est venu plus d'une fois enfin, qu'on me permette ce souvenir personnel, il est venu dans mon beau et cher diocèse de Fréjus, attiré par l'amitié, soutenu par les bénédictions de cet Evêque, fils comme lui du sol comtadin, et qui s'éteignait trop prématurément, lui aussi, il y a aujourd'hui même quatre ans.

Je viens de tracer à grands traits le cadre dans lequel pendant trente ans s'est exercé le zèle du vaillant missionnaire. Si vous l'avez remarqué, ce sont les mêmes contrées où retentissait au siècle passé la grande voix de Bridayne. Entre ces deux hommes apostoliques, fils l'un et l'autre de notre chaud Midi, élèves l'un et l'autre de notre cher Séminaire de Saint-Charles, nous pourrions noter plus d'un trait de ressemblance. Si le P. Charrasse n'a pas l'organe puissant de Bridayne qui ébranlait les voûtes des églises et qui tonnait au-dessus des foules haletantes comme la trompette du jugement dernier, s'il ne lui a pas toujours été donné de produire ces grands effets de l'éloquence populaire qui ont porté si haut le nom de l'enfant de Chusclan, on peut dire au moins qu'il est de sa famille : il a le zèle de Bridayne, sa foi ardente, sa piété angélique, sa profonde connaissance du cœur humain ; il a comme lui le dédain de ce maniéré, de ce précieux qu'on supporte à peine dans un salon ou dans une Académie, mais que tous les vrais prédicateurs de la parole de Dieu depuis saint Paul ont hardiment rejeté comme indigne de la chaire chrétienne. Il a aussi ce dédain d'une popularité de mauvais aloi qu'on ne conquiert qu'au prix de compromissions déplorables avec la conscience et la vérité. Il dira volontiers avec un pieux auteur du Moyen âge : ô toi qui prêches, prends garde de chercher la vaine gloire plutôt que le salut des âmes (1) ! Eh ! que lui importent quelques succès de salon ou quelques applaudissements de côterie : ce qu'il veut c'est le bien des âmes, c'est leur sanctification et leur salut, et il y arrive, moins encore par les grands effets de l'éloquence, que par l'onction qui s'attache à sa parole, par la conviction qui, de son âme, passe naturellement dans l'âme de ses auditeurs. Qui nous dira tout le bien qu'ont produites les prédications du P. Charrasse ? Dieu seul en a le secret.

Que serait-ce, mes Frères, si je voulais vous le montrer dans son ministère auprès des âmes de choix, auprès des communautés religieuses, dans les grands ou les petits Séminaires, pendant ces retraites écrasantes pour le corps

(1) B. Alain de la Roche.

qui l'absorbaient chaque année pendant des mois et des mois ? Que serait-ce surtout si je voulais vous montrer enfin le directeur des âmes, achevant, dans le mystérieux tête-à-tête du confessionnal, l'œuvre commencée du haut de la chaire, aussi tendre pour le prodigue repentant qu'inflexible pour le pharisien superbe qui vient lui demander des accommodements avec sa conscience, ne reculant devant aucun voyage, aucune dépense pour porter à une âme une parole de consolation ou d'encouragement, à l'exemple du grand Lacordaire qui n'hésitait pas à traverser la France entière pour ne pas priver ses enfants de Sorrèze du bienfait d'une confession ? Ames qu'il a ainsi relevées, qu'il a encouragées, qu'il a dirigées vers le ciel, du sein des familles, du fond des cloîtres où vous pleurez en ce moment, ah ! si vous pouviez nous faire entendre votre voix, quel magnifique concert ce serait, bien plus éloquent que ma pauvre parole !

A défaut de ce témoignage voulez-vous me permettre, mes Frères, de vous en citer un autre non moins décisif et non moins éloquent ? Nous sommes à la veille du jour où l'Eglise va célébrer le triomphe du Christ-roi acclamé par les bouches innocentes des enfants de Jérusalem. Laissez-moi vous apporter le témoignage des enfants.

C'était à Avignon, pendant un des premiers carêmes du bon Père. Un enfant de huit à dix ans s'était fait son auditeur attentif, et, de retour à la maison, l'enfant ne manquait pas de rapporter à ses parents dans les détails les plus circonstanciés, le sermon qu'il venait d'entendre. Et les parents étonnés de se dire : Mais comment parle-t-il donc cet homme, puisqu'un enfant peut l'écouter avec tant de plaisir et retenir sa parole avec tant de fidélité ?

Une autre fois, bien des années plus tard, un autre enfant, beau de candeur et d'innocence, arrivé à l'âge où les enfants sont invités à se confesser pour la première fois, fut mis en demeure par sa mère de choisir le prêtre qui recevrait sa première confession. L'enfant n'hésita pas longtemps : « Je veux m'adresser au P. Charrasse. — Et pourquoi donc, ma fille ? — Parce qu'il est le plus saint. »

Je m'arrête sur ces deux réponses, mes Frères. Le Saint-Esprit ne l'a-t-il pas dit ? C'est de la bouche innocente des enfants que Dieu aime à faire jaillir la plus parfaite louange : *Ex ore infantium perfecisti laudem* (1). Ces deux enfants avaient compris et merveilleusement analysé le double principe de la puissance du P. Charrasse et de l'action qu'il a exercée sur les âmes, la limpidité de sa parole et la sainteté de sa vie.

Il me faut à regret abréger, mes Frères, nous venons d'assister au plein épanouissement de la vie apostolique de notre Père. Encore quelques mots forcément bien courts pour vous en dire la consommation.

III

Le ministère apostolique de notre infatigable missionnaire durait depuis trente ans sans trève et sans repos. Bien que son cœur fût toujours aussi chaud et sa parole aussi ardente, il était évident toutefois qu'à la fin les forces physiques devaient s'épuiser, et que, pour emprunter une expression vulgaire aussi vraie qu'elle est pittoresque, la lame devait user le fourreau. Aussi, depuis quelque temps, ne cessait-on de lui recommander d'user avec plus de modération de ses

(1) Psal. VIII, 3.

forces qui, sagement ménagées, pouvaient être employées pendant plusieurs années encore à la gloire de Dieu et au bien des âmes. Parfois il en convenait de bonne grâce, et il prenait à cet égard les meilleures résolutions ; mais, incapable de résister à l'appel d'une seule âme, ces résolutions s'évanouissaient à la première invitation reçue, et il partait disant : Il faut que je meure sur la brèche.

Avant cette mort du champ de bataille qu'il ambitionnait et qui ne lui a pas manqué, une consolation était réservée toutefois, non à lui mais à ses amis. A peine arrivé parmi nous, notre bien-aimé archevêque, Mgr Vigne, qui connaissait dès longtemps le P. Charrasse, tint à réparer un oubli de ses prédécesseurs en jetant un camail de chanoine honoraire sur les épaules de ce vétéran, qui comptait trente ans de services et un nombre de campagnes dont la statistique serait bien difficile à établir. Le nouveau chanoine fut le seul à s'étonner qu'on eût songé à lui décerner cet honneur. Mais, loin d'y voir une invitation au repos, loin de dire comme le vieux cardinal d'Astros quand, sur la fin de ses jours, on le couvrit de la pourpre romaine : *Ad sepeliendum me fecit* (1), cette pourpre n'est pour moi qu'un drap mortuaire, rattaché par ce lien nouveau au clergé avignonais, le P. Charrasse ne continua qu'avec plus d'ardeur le cours de ses prédications.

Sarrians entendit quelques-uns de ses derniers accents. Une retraite solennelle avait lieu dans cette paroisse encore si chrétienne, pour préparer les cœurs à la bénédiction d'une croix qui devait être érigée dans le cimetière récemment inauguré. Heureux de se trouver au milieu d'une population qui n'a pas voulu encore de l'odieux principe de la laïcisation

(1) Matth. XXVI, 12.

des cimetières, il parla avec son éloquence ordinaire pendant huit jours, dans l'église paroissiale, et, le dimanche 17 février, dans le cimetière même, ce champ du dernier sommeil où, bientôt après, il devait venir se coucher.

De Sarrians, il se rend à Carcassonne prêcher une retraite d'Enfants de Marie en l'église Saint-Vincent. Cinq cents jeunes filles, l'élite, l'espérance de cette ville si catholique, reçoivent dans des cœurs bien préparés la parole évangélique que ce grand semeur de vérités saintes tirait du trésor inépuisable de son propre cœur ; et, à l'heure où je vous parle, mêlant leur deuil au vôtre, mes Frères, elles méditent avec amour cette parole qui fut si fructueuse dans ses derniers accents et qu'elles n'entendront jamais plus.

Le Carême approchait. Le Père était atteint aux sources de la vie. Nul que lui ne pouvait soupçonner la gravité du mal, lui qui, depuis des années, en se levant chaque matin pour se remettre au labeur quotidien, se sentait si épuisé qu'il se demandait comment il arriverait à la fin de la journée. Mais il l'avait dit, mes Frères, il l'avait dit dans cette même chaire en prononçant sa belle oraison funèbre de Pie IX : « Pour l'homme, vivre c'est combattre ; et l'honneur du combat éclate, et dans l'énergie qu'on y déploie, et dans la grandeur de la cause qu'on y défend. » Or, pour lui qui s'était fait le champion des droits de Dieu et du salut éternel des âmes, l'énergie de la lutte sera toujours proportionnée à la grandeur de la cause. Il tenait de son maître, saint Paul, et de celui qui lui fit pénétrer le plus profondément dans le cœur du grand apôtre, il tenait de M. Caval, l'illustre supérieur du Grand Séminaire d'Avignon, de savoir mettre en pratique l'*impendam et superimpendar ipse pro anima-*

bus (1) ; pour les âmes, après avoir tout dépensé, je me dépenserai moi-même.

On lui disait : « Vous êtes bien fatigué, mon Père ! — Qu'importe ! répondait-il. On me soignera bien, d'ailleurs, je vais chez un ami, chez un de mes meilleurs amis. » — C'est de vous, Monsieur l'Archiprêtre d'Apt, qu'il parlait en ces termes. Ah ! ce nom d'ami qu'il vous donnait, vous le méritiez bien. Mais auriez-vous jamais pu croire que vous auriez à lui rendre le dernier service qu'un ami rende à un ami, lui fermer les yeux ?...

Il partit donc pour Apt : on l'y attendait depuis longtemps. Apt, chère ville qui me rappelle à moi le souvenir de mes premières armes, tandis qu'elle a reçu le dernier soupir de l'athlète, mon maître ! Apt, la cité romaine dont la gloire a fait place depuis longtemps aux gloires de la cité chrétienne ! Apt, la ville de saint Auspice, de saint Castor, de saint Martian, la ville du couple virginal, Elzéar et Delphine, la ville de sainte Anne surtout, sainte Anne qu'il aimait tant, le pieux missionnaire de Notre-Dame de Sainte-Garde, parce qu'elle avait été la gardienne et la mère de Marie ! Or, quand il aborda dans cette ville, mollement étendue au pied des collines qui l'enserrent de toutes parts, comme les gradins d'un amphitéâtre romain enserrent l'arène où combattaient les martyrs, n'a-t-il pas eu un de ces pressentiments dont Dieu fait quelquefois la grâce à ceux qu'il aime ? N'a-t-il pas compris que c'était l'arène de son dernier combat ? Et quand son œil se reposa avec amour sur le dôme de Sainte-Anne, quand il s'agenouilla pour la première fois sur le pavé de cette église dans laquelle il était chargé d'annoncer les vérités divines, n'a-t-il pas vu, à

(1) II Cor. XII. 15.

quelques jours de là, la vieille basilique tendue de deuil, un autre que lui monter dans cette chaire et un peuple en larmes escorter un cercueil? Mon Dieu, qu'ai-je besoin de continuer? Ne la savez-vous pas cette histoire, et y a-t-il parole humaine qui puisse égaler la foudroyante éloquence des événements?

Il s'était mis à l'œuvre, et, dès le premier jour, cette bonne population, électrisée par la parole de flamme du Missionnaire, se pressait autour de sa chaire, et les âmes attirées par ce reflet de sainteté qui s'échappait de toute sa personne et qui fut une de ses grandes puissances, les âmes venaient à lui et il leur communiquait le feu divin qui le consumait lui-même. Il avait parlé du sacrifice, lui qui était sur le point de consommer le sien, du courage chrétien, lui qui ne recula jamais devant le devoir ni le danger : il avait parlé de l'Eucharistie, lui qui comprenait si bien ce mystère de l'amour d'un Dieu, lui qui, au saint autel, ou dans ses longues oraisons au pied du tabernacle, apparaissait comme un de ces anges adorateurs que le pinceau de Raphaël a semés sur ses toiles; il avait parlé de la croix dont il avait connu toutes les amertumes et toutes les douceurs, de la croix qu'il avait arborée pendant trente ans comme le drapeau autour duquel il appelait les vaillants comme lui. Et cette parole, chaude, énergique, convaincue, nourrie de la méditation de l'Ecriture et des Pères, cette parole qui vibrait parfois des plus beaux mouvements de l'éloquence chrétienne, tombait peu à peu dans les âmes comme une pluie féconde tombe aux jours du printemps sur un sol bien préparé : *Et sicut stillicidia stillantia super terram* (1).

Le samedi, 23 mars, un devoir de charité le ramenait pour

(1) Ps. LXXI. 6.

quelques heures à Avignon. Rentré à Apt, il prêchait le dimanche et les jours suivants comme à son ordinaire, et, dans la journée du mercredi et celle du lendemain, il préparait son sermon du jeudi avec le soin consciencieux qu'il apportait à la préparation de tous ses discours. Quand il parut en chaire, le jeudi soir, son air pénétré, le ton de sa voix saisirent tout d'abord le nombreux auditoire qui se pressait dans la vieille église. Il traitait un de ces grands sujets dont le seul énoncé impressionne déjà fortement les esprits et les cœurs ; il parlait des surprises et des enseignements de la mort. Qui nous dira, mes Frères, ce que fut ce discours, le dernier qui devait tomber de ses lèvres, ce discours sur la mort prononcé par cette bouche que la mort allait fermer à jamais ? A mesure que cette parole animée d'une énergie surhumaine, tombait du haut de la chaire, vibrante comme le clairon des batailles qui sonne la charge, un souffle de salutaire terreur passait sur l'auditoire, et à cette apostrophe terrible : «Nous qui sommes ici, qui sait si nous serons demain ?» comme les disciples au soir de la dernière cène, chacun se disait : *Numquid ego?* (1) Ne sera-ce pas moi !... Et comme l'avait annoncé l'orateur dans un élan prophétique, le lendemain, la mort avait fait une victime parmi ces êtres vivants que la vieille basilique renfermait ce jour-là dans son enceinte, et la victime c'était lui, lui ce flambeau ardent et luisant, *lucerna ardens et lucens* (2), qui venait de donner jusqu'à la dernière goutte de son huile, lui ce grand cœur de prêtre qui avait donné jusqu'à la dernière goutte de son sang, en faisant entendre aux âmes qu'il voulait arracher à la mort éternelle ce cri du divin Maître : Soyez prêts, soyez prêts, car vous

(1) Math. XXVI. 22.
(2) Joan. V. 35.

ne savez ni le jour, ni l'heure de la venue du Fils de l'homme *Estote parati quia qua hora non putatis Filius hominis veniet* (1).

Vous savez l'histoire de ces dernières heures, mes Frères, je n'ai pas à vous les raconter. On vous a dit que, le lendemain matin encore, le Père avait fait sa longue et fervente oraison, qu'il était monté à l'autel pour célébrer une dernière fois les saints Mystères, devant les reliques vénérées des Saints Aptésiens et de sainte Anne, dont il se préparait à prononcer le panégyrique. Que se passa-t-il entre le Maître et son fidèle serviteur dans le long entretien de cette dernière action de grâces ? Quels reflets sur ce front que le soleil de l'Eucharistie éclairait pour la dernière fois, mais sur lequel tombaient déjà les premiers rayons du soleil de l'éternité ? Et cette maladie mystérieuse d'une heure dans laquelle la science la plus éclairée elle-même ne voit rien, et ce dernier appel à l'ami des anciens jours pour qu'il ne s'éloigne pas de son chevet, ce regard suppliant qui demande une absolution suprême, ce dernier soupir enfin qui s'exhale avec tant de douceur qu'on ne s'en est presque pas aperçu ? Toutes ces choses, qui n'ont duré qu'un moment, mes Frères, défient toute parole et toute description.

Et maintenant faut-il vous dire la stupeur, la consternation qui se répandent de proche en proche dans la ville à mesure que la fatale nouvelle y est connue ? Faut-il vous montrer la vénération populaire entourant le cercueil où reposait le saint prêtre ? Comme le soldat frappé en un jour de bataille, dans toute la possession de sa vie et de sa force, il semblait dormir d'un paisible sommeil. Ses traits, si sereins et si purs, laissaient transparaître ce calme indéfinissable que

(1) Luc. XII. 40.

l'âme des prédestinés imprime au corps qu'elle anima, au moment où elle s'en détache pour aller se reposer dans le sein de Dieu. Revêtu des ornements sacerdotaux, comme pour célébrer son dernier sacrifice, il tenait entre ses doigts raidis par la mort le crucifix, fidèle compagnon de sa longue carrière d'apôtre, livre toujours ouvert où il aimait à lire le premier, et qu'il proposait, de préférence à tout autre livre aux âmes qui venaient lui demander des conseils. On accourt attiré par la pitié, par la vénération ; on admire ce spectacle si nouveau de la vie triomphant dans la mort, de la parole apostolique qui semble mille fois plus éloquente quand elle monte d'un cercueil que quand elle descendait d'une chaire ; on prie pour celui qui, après avoir tout donné, s'est donné lui-même pour les âmes, *impendam et superimpendar ;* mais en priant pour lui, on se sent tout naturellement porté à l'invoquer pour soi-même, et chacun se redit : Ah ! puissé-je, moi aussi, mourir de la mort de ce juste et que mes derniers instants soient semblables aux siens : *Moriatur anima mea morte justorum et fiant novissima mea horum similia* (1).

A ces hommages qu'Apt, dès le premier jour, a rendus à cette grande et chère mémoire, vous avez joint les vôtres, mes Frères, en lui faisant ces funérailles triomphales dont vos petits enfants se souviendront encore dans cinquante ans. Vous les lui avez renouvelés aujourd'hui en accourant, si empressés, si recueillis, vous unir aux prières de l'Eglise et entendre le pâle récit de cette vie et de cette mort. Gardiens de son tombeau, n'oubliez pas que ce tombeau est un trésor et un honneur pour votre ville, car c'est une chaire d'où il

(1) Num. XXIII. 10.

vous parle encore, c'est peut-être un autel où il intercède pour vous.

Oui parlez-nous encore, ô Père vénéré, parlez-nous de ces grandes choses que vous nous appreniez à connaître ; parlez-nous des droits de Dieu et de son Eglise ; parlez-nous de Jésus-Christ, que vous avez si fidèlement servi ; parlez-nous de Marie, dont vous étiez le dévot si tendre et si passionné ; parlez-nous du péché, que nous devons redouter par dessus toutes choses ; parlez-nous de la mort, qui nous surprendra demain peut-être, comme elle vous a couché là vous-même, mais sans vous surprendre, car vous étiez prêt ; parlez-nous de l'Enfer, qu'il nous faut éviter ; parlez-nous du Ciel, qu'il nous faut conquérir comme vous l'avez conquis vous-même.

Et nous, mes Frères, avant de quitter cette enceinte où la piété du vénérable pasteur de cette paroisse, l'ami du P. Charrasse, l'ami des Missionnaires de Sainte-Garde, vient de ménager à la cause de la religion un si beau triomphe, du spectacle de cette vie et de cette mort emportons ce pieux souvenir dont parle l'Apôtre. Rappelons-nous ce prêtre qui, pendant trente ans, nous fit entendre la parole divine, et, au souvenir de ses exemples, imitons sa piété et sa foi : *Mementote præpositorum vestrorum qui vobis locuti sunt verbum Dei, quorum intuentes exitum conversationis, imitamini fidem* (1). *Amen.*

(1) Hebr. XIII. 7.

Avignon. — Imp. AUBANEL frères.

www.ingramcontent.com/pod-product-compliance
Ingram Content Group UK Ltd.
Pitfield, Milton Keynes, MK11 3LW, UK
UKHW021042180726
13838UKWH00004B/1960